チームセリザワ
ゴルフアカデミー
公式レッスンBOOK

TEAM SERIZAWA GOLF ACADEMY

セリザワメソッド

芹澤流なら スウィングが 変わる

芹澤信雄

ゴルフダイジェスト社

はじめに

こんにちは、プロゴルファーの芹澤信雄です。「チームセリザワ ゴルフアカデミー」へようこそ！

私がゴルフを始めたのは18歳のとき。それからプロを目指したので、上達にはとても苦労しました。人一倍頭で考え、理屈で理解する作業を繰り返し、スタートが遅かったぶん、効率よく上達するための工夫もいろいろ試してきました。

そういう経験があるからか、ツアープロとして、長年スコアを競うことを仕事にしているなかでも、後輩たちからアドバイスを求められたり、テレビや雑誌などでアマチュアの方のために技術指導をしたりすることが多く、スウィングやスコアメークについてより細かく、具体的に考え、わかりやすく伝えるにはどうしたらいいのかをずっと考えてきました。

２０１０年にシニア入りし、もちろん試合に勝つことを目指していますが、同時に、いままで積み重ねてきた自分の経験を、より多くのゴルファーに伝えるということが、プロゴルファー芹澤信雄としての一つの使命なのではないかと考えるようにもなりました。そしてその思いは、2015年、大箱根カントリークラブ内に「チームセリザワ ゴルフアカデミー」を開校するという形で結実しました。

この本は、そのアカデミーで実際に行っている内容をまとめた公式レッスン本です。私が実戦のなかで磨き上げてきたゴルフ理論「セリザワメソッド」の概要を、アカデミーのメンバーの方にはもちろん、いままで私の理論に触れたことがない方にもお伝えし、みなさんのゴルフ上達のお役に立ちたいと思い、書かせていただきました。

スウィングの基本から、それを実戦でどう生かすかという応用、効率よく上達するための練習方法を紹介していますが、とくに、スウィングの本質についての解説にはかなりの紙幅を割きました。スコアを上げるためには、まず何よりもスウィングの基礎力を上げることが重要だからです。

藤田寛之プロ、宮本勝昌プロ、西山ゆかりプロなど、チームセリザワ所属のプロたちも、この「セリザワメソッド」で強くなりました。彼らが長くツアーで活躍できているのは、スウィングの土台がしっかりしているからであり、シンプルで再現性の高いスウィングを手に入れることができたからとも言えます。

初心者はもちろん、壁に当たり伸び悩んでいる人や、「飛距離が出ない」「球が曲がる」など同じようなミスを繰り返してしまう人には、ぜひ読んでいただきたい。いつの間にか染みついてしまった思い込みや勘違いを払拭し、必ずやレベルアップの突破口になるはずですから。

セリザワメソッド

芹澤流ならスウィングが変わる・目次

第3章

スコアをもっと引き上げるセリザワメソッド

第4章

『レベルスウィング』マスタードリル

写真
姉崎 正

デザイン
シトラス・インク

編集協力
鈴木康介

撮影協力
大箱根カントリークラブ
箱根仙石原プリンスホテル

SERIZAWA METHOD

第1章

セリザワメソッドの真髄『レベルスウィング』

スウィングを整えることは、
安定したショットを導き、
スコアアップのいちばんの近道です。
できるだけシンプルな動きを目指す
『レベルスウィング』の概要を解説します。

1 スウィング作りの意味

ゴルフの基本能力を高める スウィングを整えることこそ スコアアップの近道

スコアアップのためにはさまざまな手法があります。コースマネジメント能力やショートゲームの技術の向上、クラブの調整などはもちろん一定の効果はありますが、その大前提となるのはやはりスウィングです。

　スウィングを整えることは、ショットの精度を高め、飛距離を伸ばすのはもちろん、基本能力を高め、スコアアップの伸びしろを大きくしてくれます。

　まずは自分のスウィングを見つめ直し、基本から確認していきましょう。

PEARLYGATES

PEARLYGATES

PEARLYGATES

PEARLYGATES

2 体の動きのイメージ

『レベルスウィング』の基本の「き」
腰を水平に回転させる

私のスウィング理論であるセリザワメソッドは、できるだけシンプルな動きを目指します。そのほうが再現性が高く、球が曲がりにくいことに加え、応用もしやすい。

その土台となるのが『レベルスウィング』という考え方です。ゴルフスウィングは前傾して行い、斜めのスウィングプレーンを持つため、野球

腰を地面と
水平に
回転させる

のように水平にスウィングすることはできません。しかし、軸を中心をとした回転運動と考えれば、前傾しているだけで基本は同じです。

ポイントは腰を地面と水平な面に沿って回転させること。ゴルフのスウィングは、上半身は前傾していますが、下半身は真っすぐ立っています。ですから、下半身の上に乗っている腰を水平に回す感覚があれば、さらにその上に乗っている上半身は、前傾なりに動いてくれるというわけです。

3 クラブ軌道のイメージ

背骨に直角な面を意識 上体の前傾に沿ってクラブは動く

水平回転する腰の上には、前傾した上半身が乗っています。ゴルフのスウィング軌道は、この上体の前傾によって作られます。腰を水平回転させつつ、この前傾を崩さないようにスウィングすることが、ゴルフスウィングの肝なのです。

それには、「スウィングプレーン」という、クラブが通る軌道によって作られる「面」を意識することが非常に重要です。

アドレスの姿勢を作ったら、上体の前傾と直角をなす面に腕をセットし、その面を意識しながらシャドースウィングしてみましょう。面が歪まないように腰を水平に、肩を前傾なりに動かします。

腕は
肩の面に
沿って動く

POINT

「面」を意識して腕を振ってみよう

アドレスで作った面をなぞるように、バックスウィングでは右手を（15ページ参照）、フォローでは左手を（14ページ参照）振る

アドレスでは上体の前傾なり、つまり背骨に直角な面を意識し、その面に腕をセットする

4 体とクラブの連動

スウィング軌道を安定させる 左右対称に連続素振りをする

前述のような「面」を意識した動きは、シャドースウィングではできても、クラブを持った途端に崩れてしまいます。ですからまずは、ボールを打たない素振りで基本を身につけていきましょう。素振りは、アカデミーでアマチュアの方に最初にやってもらう練習です。

とくに、左右対称にクラブをビュンビュン振る連続素振り（92ページ参

照）は、セリザワメソッドの基本中の基本。「これだけやっていれば上手くなれる！」と胸を張って言えるくらいの大事な練習です。

一見簡単そうですが、スウィング軌道に乱れがあると、左右対称に連続でクラブを振ることができず、どこかで引っかかったり、グラついたりします。

しかし、左右対称にキレイな軌道で振れれば、自然と回転が整ってきて、意識しなくても軸が感じられ、腕に余計な力を入れずにクラブが軌道上をスムーズに動いてくれます。この感覚をしっかり覚えてください。

POINT

フォローから振り戻して始めよう

最初はフォロー側から振り子のようにクラブを振り戻してバックスウィングを始動する。余計な力が入りにくく、リズムもよくなる

5 スウィング軸

スムーズに体重移動できる軸を作る
「首の太さくらいの丸太」をイメージする

スウィングは回転運動ですので、回転軸を意識し、安定させることは非常に重要です。

軸は連続素振りを行うことで自然と生まれ、体感することができると言いましたが、軸は1本か2本かと問われれば、私は本数よりも「太さ」をイメージしてくださいと言います。

POINT

軸が細すぎると逆体重になりやすい

細い1本の軸をイメージし、頭がそこから外れないような感覚でスウィングしてしまうと、逆体重になりやすいスウィングが回転運動である以上、軸が2本あるのはおかしい。かといって、実際には体重移動が生じますし、1本の細い軸に沿ってスウィングしようとするのも不自然だからです。

回転軸は、「首の太さくらいの丸太」をイメージしましょう。背中辺りに、地面に垂直に立っている丸太のような軸を意識すれば、体重移動はスムーズになりますし、軸がブレて傾くこともありません。そして丸太に沿って右を向き、左を向くことで、自然と体が回転するような感覚を持てるはずです。

6 体の捻転

スウィングのパワーを生み出す 上半身と下半身を ぞうきんのようにねじる

CHECK!

股関節に真上から乗れば 自然と体がねじれる

バックスウィングでは右の股関節に、インパクト以降では左の股関節にしっかりと乗ることで上下の捻転差が生じ、体がねじれてパワーがたまる。ひざや腰が左右に流れてしまうと、ねじれは作れないので注意しよう

×

スウィングは回転運動だと言いましたが、単純にクルッと回転するだけではスウィングを加速し、飛ばしのパワーを生むことはできません。

パワーの源は「ねじれ」です。トップでは下半身は約45度、上半身は90度くらい回転しますが、この上下の捻転差によって体がぞうきんのようにねじれ、そこにパワーがたまるのです。

そのためには、スウィング中にしっかりと左右の股関節に乗ることが重要です。バックスウィングでは右足のズボンの付け根に、インパクト以降では左の付け根にシワが寄るようにスウィングするのがポイントです。

上半身は
約90度
回っている
下半身の
回転量は
約45度

7 フットワーク

自然に体重移動できるようになる

その場で足踏みするように スウィングする

POINT

体重移動は自然と起こる

右、左とその場で足踏みするようにスウィングすれば、体重移動は自然と起こる。意識して体を左右に揺さぶる必要はない

軸がブレないようにスウィングすることは大事ですが、必ずしもその場でそっとスウィングするという意味ではありません。むしろ、スウィング中にしっかりと下半身を使い体重移動することで、結果的に軸が安定するという感覚が重要です。

一方で、体重移動というと体を左右に揺さぶるようなイメージを持つ人もいますが、どちらかというとその場で足踏みするような感覚のほうが近い。バックスウィングでは右足1本で立ち、ダウンスウィング以降左に踏み替える。こうすることで結果的にパワーを生みつつ、「太い1本の軸」も安定するのです。

POINT

腕主体だと
バランスを崩す

軸を保とうと下半身の動きを抑えて腕の動きでスウィングしようとするほど、逆に上下のバランスが崩れてしまう

Column 1

「飛距離ファースト」は危険!?

「少しでも遠くに飛ばしたい」

ゴルファーなら誰もがそう思うでしょう。かくいう私も、男子ツアーのなかでは、それほど飛ぶプレーヤーではありませんが、「飛距離はいらない」と思ったことは一度もありませんし、シニア入りしたいまでも、その思いは変わりません。しかし、身の丈に合わないゴルフをすると、その副作用は非常に大きいのです。

私は、1996年に「日本プロゴルフマッチプレー選手権」に勝ち、5年シードを獲得したあと、アメリカツアーに挑戦したことがあります。そのとき、アメリカで戦うためには飛距離が必要だということを痛切に感じ、スウィング改造に取り組みました。スウィングの軸を少し右にして、アッパー気味にボールをとらえることで、低スピン、高弾道で飛ばすことを考えたのです。

その結果、ドライバーの飛距離は15～20ヤードほど伸ばすことに成功しました。しかし、もともとアイアンで作ってきたダウンブローのスウィングを壊してしまい、生命線だったアイアンの精度を失ってしまったのです。多少飛距離が伸びたからといって飛ばし屋になれるわけでもなく、15ヤードの飛距離と引き換えに、大事な拠りどころを失って、極度のスランプに陥りました。

結局すぐにスウィングをもとに戻しましたが、スウィングを大きく変えてまで飛距離を求めることの危険を、身をもって経験したのです。ゴルファーにとって飛距離を求めることは大事ですし、その意欲を失っては技術的な向上も期待できませんが、それはあくまで身の丈に合った範囲内であるべきです。

アマチュアの方々は、特別な「飛ばしの技術」など身につけなくても、スウィングのレベルアップで、男性であれば誰だって250ヤードくらいの飛距離は目指せます。非力な僕だって、250～260ヤードは飛ぶのですから。

SERIZAWA METHOD

第2章

『レベルスウィング』の基本

腰を水平に回転させ、
左右対称にキレイな軌道を描くために、
押さえておきたいポイントがあります。
アドレスからフィニッシュまで、
『レベルスウィング』の基本を確認しましょう。

1 ［アドレス］立ち方

リラックスして構える
上半身3、下半身7くらいの力感で立つ

ここからは、実際のスウィングの動きをアドレスから順を追って見ていきましょう。

アドレスはスウィングのスタート地点であり、すべての動きの原点として非常に重要なポジションです。アドレスの形が悪ければ、そこから始ま

グリップはソフトに握る
足の裏全体で地面を踏むように立つ

る一連の動きすべてが崩れてしまいます。

　最大のポイントは、リラックスしていることと、バランスがいいこと。意識してどっしりと安定させようとすると、余計な力が入って逆にバランスは悪くなります。上半身3割、下半身7割くらいの力感で、足の裏全体でしっかり地面を踏み、肩の力を抜いて構えましょう。

POINT

肩に力が入ると上半身が強くなる

肩に力が入ると上半身の力感が強くなり、重心が上ずって下半身7、上半身3のバランスが保てなくなる

肩の力を抜いてリラックス
両ひざの上に体が乗っている感覚

2 ［アドレス］構え方

スタンスの向きにこだわらない スクエアの構えは 腰の向きで決める

ターゲットに対して正しい向きで構えることは、とても重要です。

どんなにいいスウィングをしても、向いている方向がズレていたらボールは狙ったところには飛びません。

アマチュアの多くは、自分のスタンスの向きを過剰に気にしますが、スタンスよりも大事なのは腰とひざの向き。普段から、この2か所をターゲットに対してスクエアに構える練習をしておきましょう。

CHECK!

スタンスは斜めでも 腰はスクエアに

テークバックやフォローでの体の動きやすさ、立ちやすさなどを考慮してオープンやクローズで構えてもいいが、腰はスクエアにしておこう

×

POINT

腰の向きをしっかり確認する

いちばん大事なのは腰の向き。腰をレベル回転させるうえで、その向きがズレているとスウィング軌道の向き自体がズレてしまう

POINT

ひざの向きを重視する

スタンスをスクエアにしようとしても、つま先の向きなどによってスタンスはズレやすい。ひざの向きがスクエアかどうかを確認しよう

握り拳が
2個入る
間隔が基準

グリップエンドと体の間隔は「拳2個」ぶん

手元と体の距離はいつも一定

アドレス時の重要なポイントは、「手元と体の距離」です。手元の位置はとくに前後にズレやすく、ここが一定にならないと、ボールと体の距離もバラつき、スウィングも安定しません。

この距離は個人差がありますが、基準はグリップエンドと体の間に握り拳が二つ入るくらいの間隔。肩から腕を真っすぐ下げ、そのときに手元と体の間に拳2個ぶんくらいのスペースができるように前傾姿勢を作ります。これを基準に微調整しながら、自分に合った位置を見つけてください。

CHECK!

「スクェア」を作ってから ヘッドを下ろそう

まずは上体を前傾させず、剣道の「蹲踞（そんきょ）」のように、グリップを握って手元をお腹の前、ヘッドを顔の前にセット。ここで肩や腰がスクェアであることを確認してヘッドを下ろせば、構えが左右に歪みにくい

両手の一体化を作る
少しだけ「フック」がちょうどいい

左手の関節が2個見えるくらいが基準

グリップは体とクラブの唯一の接点として、非常に重要です。

オーバーラッピングやインターロッキングなど握り方はいろいろですが、人それぞれで構いません。大事なのは「両手の一体感」です。

ただし、近年人気の大型ヘッドのクラブで振り遅れずにスウィングするためには、少しフックグリップで握ることをおすすめします。正面から見て左手の関節（ナックル）が2個見えるくらいの「ちょっとフック」が目安です。

POINT

左手のV字が左肩を指す

左手は、小指、薬指、中指の３本をしっかり握りたいが、強すぎると力みにつながるので注意。親指と人差し指でできる「V字」にほどよい締まりがあり、このV字が左肩を指すくらいの向きで握る

POINT

右のV字にティを挟んでみよう

右手を上からかぶせるように握ると右肩が前に出やすく、力みやすいので、横から握るイメージがよい。強く握らず、親指と人差し指でできる「V字」に軽くティが挟まるくらいの締まりが必要

5 ［アドレス］腕の向き

両ひじを下に向けて構える

自然にわきが締まる構えを作る

POINT

力を入れずにわきが締まる

「わきを締める」ということを考えすぎると肩や腕に力が入ってしまう場合が多い。ひじを下に向けることを意識すれば、わきは自然に締まることを覚えておこう

グリップの握りと関連しますが、構えで重要なのは、ひじの向きです。

ゴルフスウィングでは、ひじを下に向けておくことがとても大事で、ひじの向きをキープできれば、力を入れなくても自然とわきが締まり、腕が動く方向も一定になるのでスウィング軌道が安定します。

両ひじは下に向け、手のひらを上に向けた構えから、ひじを下に向けたままシャドースウィングしてみましょう。トップでの手元の位置も安定し、フォローでもスウィングプレーン上を手元がなぞる動きが自然とできます。実際のスウィングでも、このひじの向きを意識しましょう。

6 ［アドレス］ボール位置

長い番手ほど左寄り
基本の位置は「7番センター」

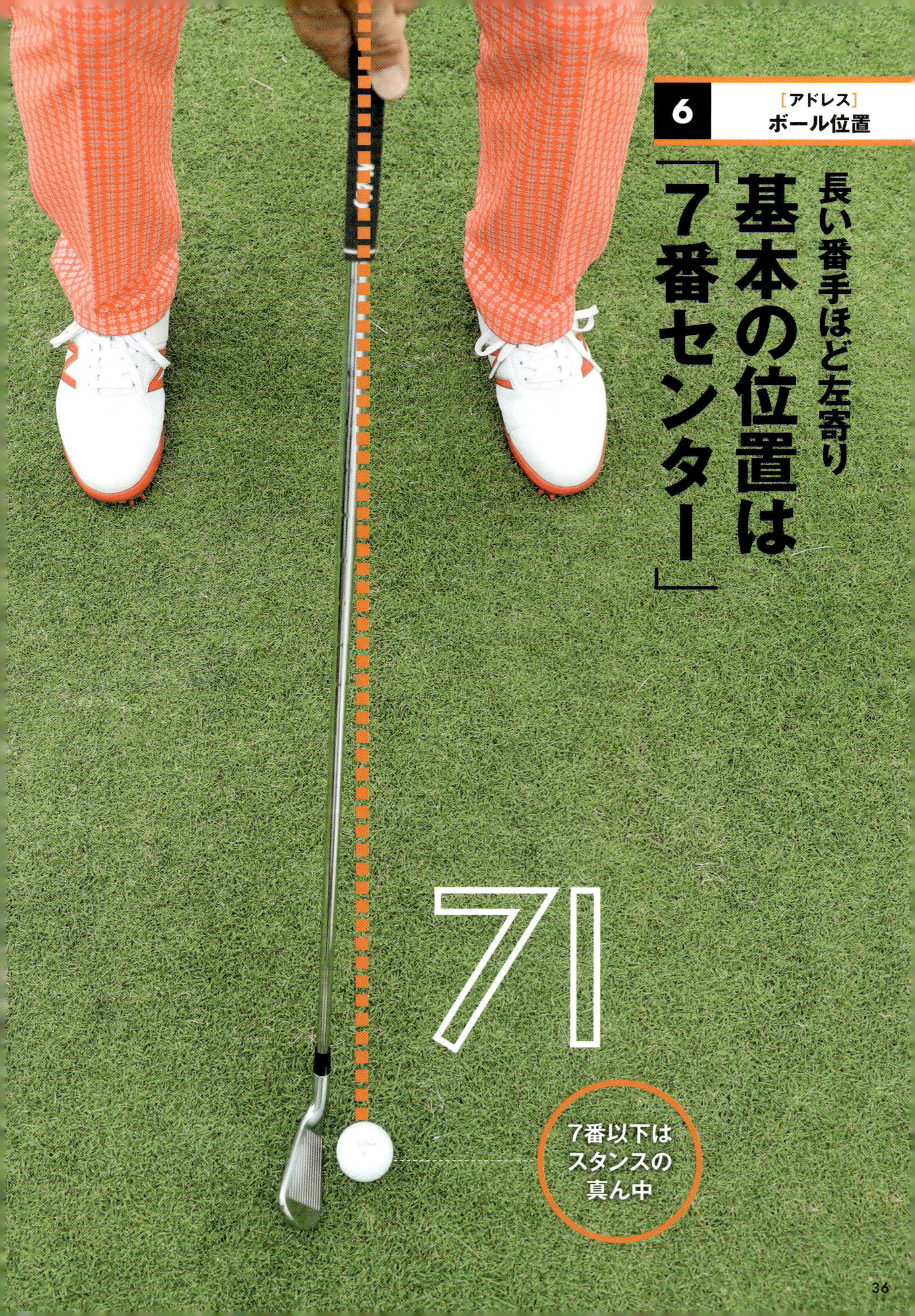
7I
7番以下は
スタンスの
真ん中

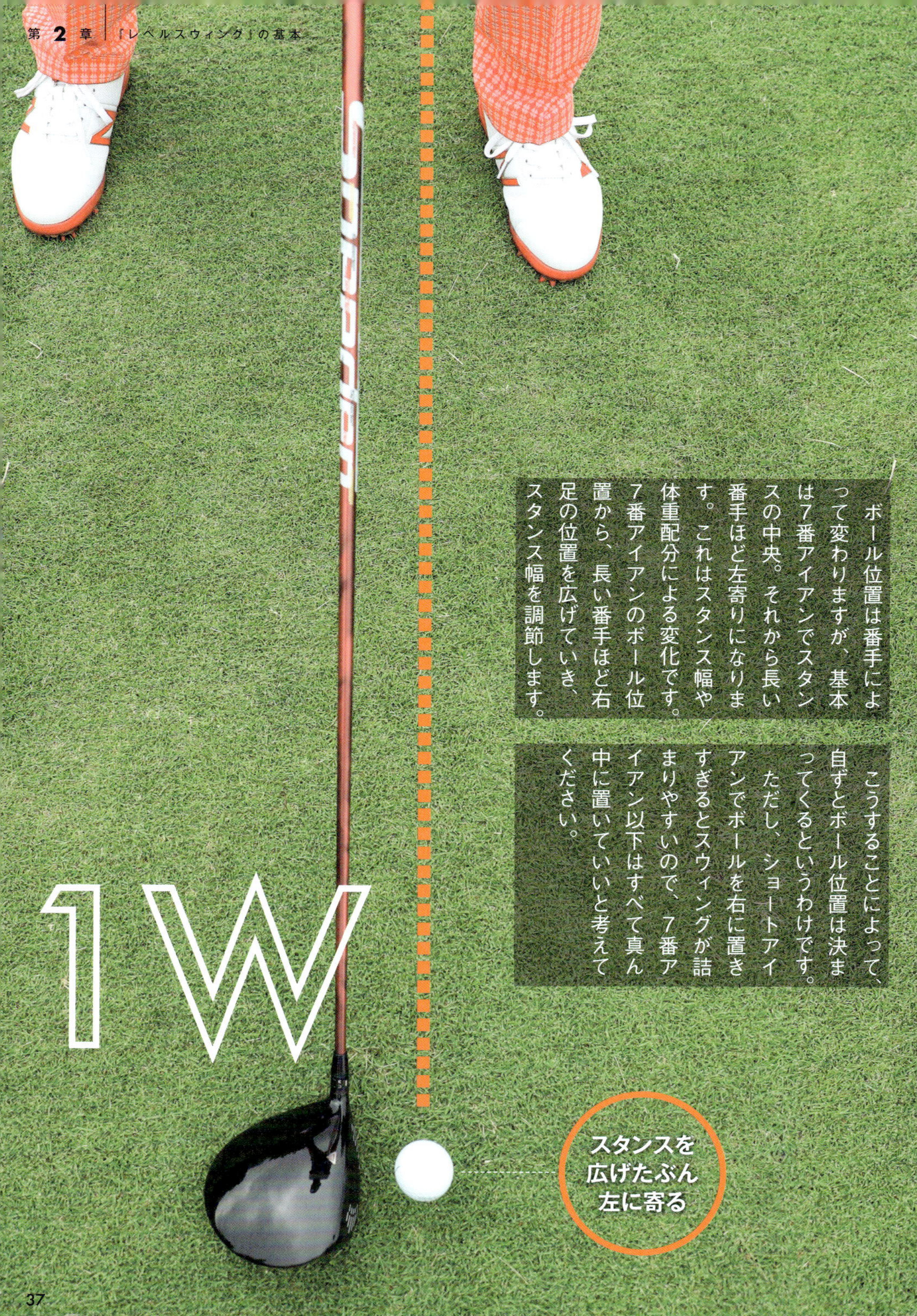
1W
スタンスを
広げたぶん
左に寄る

ボール位置は番手によって変わりますが、基本は7番アイアンでスタンスの中央。それから長い番手ほど左寄りになります。これはスタンス幅や体重配分による変化です。7番アイアンのボール位置から、長い番手ほど右足の位置を広げていき、スタンス幅を調節します。

こうすることによって、自ずとボール位置は決まってくるというわけです。ただし、ショートアイアンでボールを右に置きすぎるとスウィングが詰まりやすいので、7番アイアン以下はすべて真ん中に置いていいと考えてください。

7 始動

手首を使わずテークバック

体の回転でゆっくりクラブを上げる

アマチュアの多くは、いろいろと不安のあるスウィングを早く終わらせたいという意識が働くのか、どうしてもスウィングが速くなりがちです。

そして、ほとんどの場合、手でクラブを操作しています。器用な手に頼ったスウィングでは、簡単にリズムが乱れ、軌道やタイミングもズレてしまいます。

スウィングが速くならないようにするためには、始動時に、手先ではなく体の回転でゆっくりクラブ上げることです。そして、手首をあまり使わず両腕とクラブでできる三角形を崩さないようにします。そうすればスウィング全体のリズムも整いやすくなります。

POINT

ヘッドが視界から消えるときにご用心

テークバックを手先で上げると、始動の最初だけはゆっくり動かせても、ヘッドが視界から消えた途端に急加速しやすいので注意しよう

手先に頼らず
三角形を
キープする
クラブを
ゆっくり上げ
始動する

8 ［トップ］形

体をしっかり捻転させる
左肩があごの下に入る

スウィングのパワーは捻転差で作るという話をしましたが、その捻転差を生むには深いトップを作ることが重要です。

トップが浅いと切り返しのタイミングが早くなりやすく、手打ちにもなりやすいので、その点でも深いトップは大きな意味を持ちます。

深いトップを作れと言

上体の
前傾を
しっかり保つ

うと、トップで手を必要以上に高い位置に持ち上げたり、手が背中のほうに回り込むまで体を回しすぎてバランスを崩すケースが多いですが、大事なのは肩の回転です。

トップでは、左肩があごの下に収まるように、しっかりと左肩を押し込みます。肩が90度回っていても、あごの下に入らなければ上体がスウェイしている証拠です。

肩さえしっかり回っていれば、上体の前傾も保てますし、手元の高さを少し抑えてコンパクトに振っても手打ちになることはなく、締まりのあるスウィングができます。このトップの形を意識してください。

肩を90度
回し
あごの下へ

9 [トップ] 力感

「力み」はゴルフの大敵
笑顔を作れるくらいリラックス

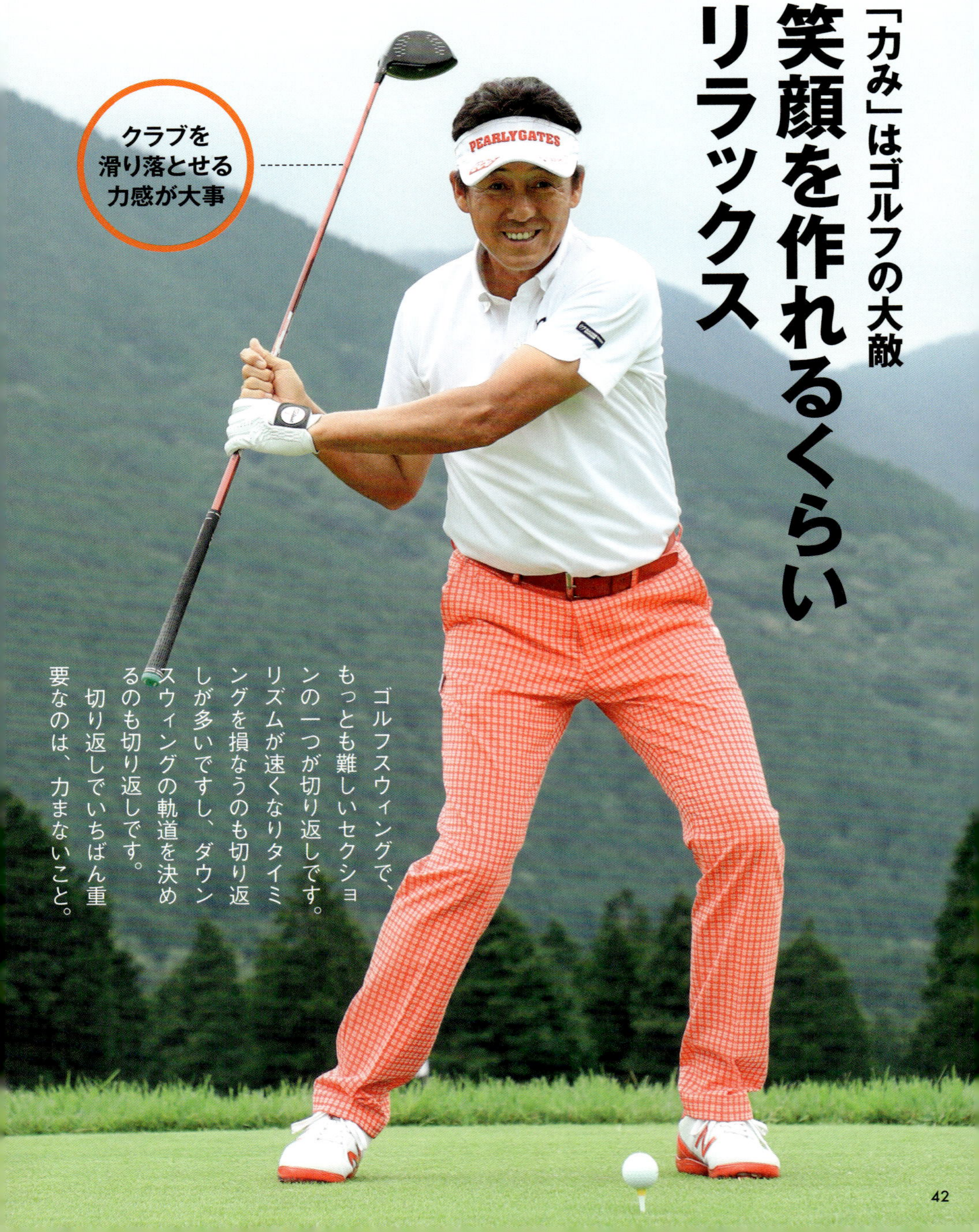
クラブを
滑り落とせる
力感が大事

ゴルフスウィングで、もっとも難しいセクションの一つが切り返しです。リズムが速くなりタイミングを損なうのも切り返しが多いですし、ダウンスウィングの軌道を決めるのも切り返しです。

切り返しでいちばん重要なのは、力まないこと。

トップで
笑顔を
作れますか?

POINT

切り返しの力みはミスの元凶

切り返しで力むと体が伸び上がるだけでなく、軸もブレやすく、クラブが外回りしてカット軌道になりやすい。あらゆるミスのもとになる

切り返しで力むと、スウィング軌道がカットになりやすいうえ、リズムも速くなります。

トップから切り返しまではニコッと笑顔を作れるくらいリラックスしましょう。グリップも極力ソフトに握り、クラブをスッと滑り落とせるくらいの力感が大切です。

10 ［切り返し］力感

「飛ばしたい」ときほどリラックス
クラブの重さを感じてスウィングする

切り返しでいちばん重要なことは、力まないことだと言いました。笑顔が作れる力感でスウィングするためには、手の力でクラブを引き下ろすのではなく、クラブと腕の重さにまかせて、重力で振り抜くような感覚を持

つようにしましょう。「飛ばしたい」と思うと、つい手や上体にギュッと力が入ってしまいますが、力が入れば入るほど、飛距離は出ません。

切り返しだけでなく、スウィング中、つねにクラブの重さを感じていられることこそが、実は飛ばしの絶対条件。飛距離を出すためには、クラブの遠心力でヘッドが走る感覚が不可欠です。

飛ばしたいときほどリラックス。これを忘れないでください。

切り返しでもヘッドの重さを感じよう

POINT

切り返しではクラブが「落ちる」

ダウンスウィングは、腕力で加速させようとせず、クラブと腕が重力で落下するのをサポートするくらいの感覚が必要

11 ［切り返し］下半身の動き

体重移動は意識しない 左ひざを「ガニ股」にするだけ

左ひざを
ガニ股に
外に向ける

体重移動をあまり意識せず足踏みをするようにスウィングするためには、切り返しで少しコツがあります。ダウンスウィングの最初のアクションで、左ひざを外側に向けるように左足を使ってみてください。この動きを入れ

POINT

あとは左に回るだけ!

切り返しで左ひざの向きを変えたら、ダウンスウィング以降はクルッと体を左に回転するだけ。体重移動の意識は必要ない

るだけで、トップで右に乗っていた体重は自然と左にシフトし、力みなくダウンスウィングに移行する準備ができます。

もし、左ひざの向きを変えずに切り返してしまうと、体重移動ができず、右に体重が残りやすいので注意しましょう。

意識して体重移動をしようとすると、下半身からではなく上半身から目標方向に突っ込みやすい

12 球筋と軌道の原則

持ち球の軌道を把握する

ダウンスウィングの軌道で球筋は決まる

スウィング軌道を考えるうえで、球筋と軌道との基本原則は覚えておく必要があります。

あくまでフェースの向きと連動してのことではありますが、アドレス時のシャフトの傾きの面を基準（26ページ参照）に、ダウンスウィングでクラブヘッドがその面より下側、つまりインサイドから下

CHECK!

インサイドから下りてくるとドローボール

ダウンスウィングがインサイドから下りてきて、フォローでアウトサイドに抜けていくのがドローボールの軌道。フェードよりもフェースの開閉量が大きくなる

りてくるスウィングはドローボール、面より上側、つまりアウトサイドから下りてくるスウィングはフェードボールが出やすくなります。

　自分が気持ちよくスウィングしたときにどちらになりやすいかを基準に持ち球の球筋を決めると、スウィングがシンプルになります。

　また、自分の望む持ち球を身につけるためには、その軌道でスウィングできるようになることが必要です。

CHECK! アウトサイドから下りてくるとフェードボール

ダウンスウィングがアウトサイドから下りてきてフォローでインサイドに抜けていくのがフェードボールの軌道。ドローボールよりもフェースの開閉量が少なくなる

腕力は不要
スウィング中もひじは下向き

切り返しは腕の力に頼らず、腕とクラブの重さで落下させる感覚が大事だと言いました。

しかし、アマチュアの多くは、それではスウィング軌道が安定しないと不安に感じるかもしれません。そこで意識してほしいのが、先に説明した「ひじの向き」です。

切り返し以降も、右ひじを下に向けた状態を維持できれば、ダウンスウィングでクラブが通る軌道を限定できます。腕力は必要ないので、無駄な力感が抜け、自然とスウィングリズムもよくなるはずです。

クラブを腕力で操作しようとするのではなく、腕のポジションを整えることで自然と軌道も整うのです。

右ひじの
向きが
軌道を作る

CHECK!

力むと右ひじは外側を向く

ダウンスウィングでクラブを思いどおりの軌道に乗せようとして腕力でクラブを操作しようとすると、力んで右ひじが外側を向きやすく、逆に軌道が乱れてしまう。腕をリラックスさせ、右ひじが下を向くようなポジション作りが重要

14 [インパクト] 軌道

ゆるやかな入射角でインパクト

ボールの前後30センチを真っすぐ動かす

飛んで曲がらない球を打つために重要なのは、インパクトの前後30センチくらいのゾーンです。ここでクラブヘッドを低く真っすぐ動かすことができれば、フェースのねじれもなく、ゆるやかな入射角でボールをとらえられるので、エネルギー効率もよく、曲げずに飛

ここから
ヘッドは
水平移動

ばすことができます。

感覚的には、ボールの手前30センチくらいのところまでクラブが下りてきたら、そこからインパクトまでは腰を水平回転させるだけ。手先で余計なことをせず腰を回し、その腰に乗った上体がそれに伴ってスムーズに動くことでボールを押し込みます。

POINT

右ひじを曲げたまま腰を水平回転させる

インパクトの前後30センチは、上体や腕は何もしない。左ひじは伸ばし、右ひじは右わき腹につけたまま腰を水平回転するだけ

腰が水平回転せず斜めに回ると、インパクトゾーンが歪み、ミスやパワーロスの原因になる

15　［インパクト］形

腰は切っても手元は元の位置
アドレスの形にできるだけ戻す

ゴルフスウィングでは「インパクトはアドレスの再現」とよく言われます。これは、半分本当で半分ウソ……。というのは、インパクトでは、現実的にはアドレス時より腰が切れ、体が回転しています。しかし、感覚的にはそれ以外は極力同じ

にしたいからです。

とくに、シャフトの傾きやフェースの向き、上体の位置などは、アドレスにできるだけ近い状態に戻せるほど再現性が高く、弾道が安定します。

腰を切るので、そのぶん左に体重は移りますが、その他はアドレスの再現。そういう意識で打ってください。

頭
アドレスと
同じ位置に
キープ
肩
少し開くが
感覚的には
スクェア
手元
手元は
アドレスの
位置に戻す
腰
腰だけは
しっかり
回っている
クラブ
クラブは
アドレスの
位置へ
PEARLYGATES

16 スウィング全体の力感

遠心力を生かす
テークバック3、フォロー7で振る

スウィングにおいて形以上に大事なものの一つに力感があります。アマチュアの多くは、バックスウィングやダウンスウィングといった体の右側で多くのパワーを使ってしまい、フォローでクラブヘッドを加速することができません。これが

POINT

アマチュアは逆になりがち

アマチュアの多くはバックスウィングで多くのエネルギーを使ってしまい、ダウンスウィング以降で必要な力を出せていない

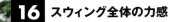

「飛距離が出ない」「球がつかまらない」という悩みの原因。力感に問題があるとも言えます。

ボールに大きなエネルギーを伝えるためには、インパクトで最大のパワーを発揮しなければなりません。そうすれば、遠心力も生かすことができます。そのためには、むしろフォローで最大の力を出すくらいの感覚が必要。バックスウィングは3割、フォローは7割くらいの力感でスウィングするようにしましょう。

17 フォロースルー

重いバットを振るイメージ
「ビュン」と風切り音を出す

飛距離アップや方向性を高めるうえで、大事になるのがヘッドの加速感です。クラブヘッドが加速しながらインパクトを迎えることができなければ、インパクトで当たり負けしてしまいますし、フェースも返りません。

この辺りでヘッドが最速になる感覚
ビュン!

インパクトで力を出そうとすると、ダウンスウィングで力を出し切って、インパクトでは減速してしまう

×

先ほど、「バックスウィング3に対してフォロー7の力感」と言いましたが、まさにフォローでヘッドスピードが最速になるような意識が必要なのです。

そのためには、フォローで「ビュン」という風切り音が出るようにスウィングすることが大事。重いバットなどで素振りをし、この感覚を身につけましょう。

POINT

重いものを振るとイメージしやすい

バットなどの重いものを振ると、切り返しからダウンスウィングでその重さを利用し、フォローで風切り音を出す感覚がわかってくる

18 フィニッシュ

バランスよくピタッと止まる
左足1本で立ち体全体が目標を向く

フィニッシュは、スウィングの終着点であり、車庫とも言えます。ですから、それ自体に意味はありませんが、スウィングの問題点の多くはフィニッシュに表れます。

キレイなフィニッシュに収まるように振ることは、スウィングをよくするためにも有効です。

バランスよく立ち、グラつかずにピタッと静止できるフィニッシュの形を作ってください。左足1本で立ち、体全体が目標を向くまでしっかりと体が回り切っていることが重要です。

ヘッドがピタッと収まる
左足1本でグラつかず立てる
右足の裏が見えるまで回転する

手元は
左耳の横
まで来る
左肩が
深く押し
込まれる
腰が目標に
正対する
まで回転
右足には
体重が
かからない

POINT

胸が目標に向くまで回る

回転量が足りないとバランスを崩しやすい。フィニッシュでは、胸が目標に向くまでしっかり回り切ることが大切

Column 2

本当の「練習」、していますか？

練習場で「練習」しているアマチュアの方を見ていると、残念ながら、本当に上手くなろうとして球を打っている人はあまりいないように感じます。厳しく言えば、9割以上の人はストレス発散の「打ちっ放し」。到底、「練習」とは言えません。

本当に上達したいと思ったら、まず練習場でナイスショットしようとするのをやめましょう。もちろん、結果としていい球が出るのはいいのですが、目的がナイスショットを打つことになってしまっては本末転倒です。

練習場の打席には真っすぐな線が引いてあって、方向が狂うことは少ないですし、人工芝マットはダフリをごまかしてくれます。さらに、ミスしても次の球がどんどん出てくるので、一切プレッシャーはありません。動きが多少悪くても、結果としていい球が出てしまうことはよくあることです。

そんな偽りのナイスショットよりも、大事なのは体やクラブが正しい動きをしているかどうかです。いま自分の課題としている動きがきちんとできたか。練習とは、正しい動きを身につけるためのものであって、多少球が曲がっても、いま身につけるべき動作が正しくできていればいいのです。

私は研修生時代、よく土のライから7番アイアンのハーフショットの練習を繰り返し、スウィングを身につけました。少しでもダフれば1発でわかるので、とにかくヘッドを上から入れてクリーンに球を拾うことだけを考えて球を打つ。それを続けていたら、自然と球の高さや打ち出し方向が揃いだし、距離も揃うようになりました。

目的を持って、そこに集中して行うことが、本当の「練習」です。「当たった」「飛んだ」「ミスした」などと、一喜一憂していても、何も得るものはありませんよ。

SERIZAWA METHOD

第3章

スコアをもっと引き上げるセリザワメソッド

実戦に強くなるためには、
状況に応じた打ち方、考え方を
マスターする必要があります。
さらにレベルを上げるための
セリザワメソッドを紹介します。

1 スコアメークの基本

自分の飛距離を把握する
番手ごとの「キャリーの距離」を確認

各番手の自分の飛距離を知っておくことは、スコアメークの大前提。とくに、キャリーの距離を正確に把握することが大切です。

アマチュアの場合、トータルの距離はだいたいわかっていても、キャリーの距離を知らない人がたくさんいます。

7番アイアンの合計飛距離が150ヤードだと

したら、そのうち何ヤードがキャリーで何ヤードがランなのか、ユーティリティやドライバーではどうなのか。これらが正確にわからなければ、コースで戦略を立てることはできません。

まずは、どこまでキャリーしたのかをしっかり把握し、どのくらい転がるのかを確認してください。ランの距離は番手によって違い、落下地点のライによっても大きく変わってしまいますが、常日頃からボールがどこに落ち、どのくらい転がったかに気を配るようにしましょう。

そして、全番手の基準となるキャリーとランの距離を書き込んだ表を作ってみてください。

POINT

アイアンの距離は8割のスウィングで

アイアンのフルショットとは、100パーセントのスウィングではなく、バランスを崩さない8割程度のスウィング。飛距離もそれを基準に考えよう

2 番手選び

難しいクラブを無理に使わない やさしくキャリーが出せる ユーティリティを活用

アイアンにこだわる必要ない!
高弾道でキャリーが稼げる
Titleist
VG3

自分の番手ごとのキャリーの距離が正確に把握できるようになると、ロフトが立った番手でのキャリー不足を実感する方も多いと思います。

そういう場合は、ぜひユーティリティ（UT）を使いましょう。UTは、ロングアイアンと同じ距離をミドルアイアン並みの高い弾道で、しっかりキャリーを出して狙えるとても便利なクラブです。

私自身、いまは3、4番アイアンをバッグから抜いて、2本のUTを使っています。球が上がらない難しいクラブを無理に使い続けるのは、グリーンをキャリーで狙えずにスコアメークの面で不利なだけでなく、球を上げようとする動作を誘発してスウィングを崩す原因にもなりかねません。

操作性ではアイアンに劣りますが、キャリーが不足がちな番手では、操作性よりキャリーのほうが圧倒的に大きな武器になります。

CHECK!

ユーティリティはアイアンを打つ感覚で

ウッドとアイアンの中間のような形状のユーティリティは、アイアンよりも重心が低くて深いので球は上がりやすいが、アイアンと同じ感覚で使うほうが機能を引き出せる。払い打つのではなく、少しダウンブローで球をとらえるのがコツ

3 左足上がり

斜面に逆らわずに打つ
右に乗ったまま インサイドアウトに振る

スコアメークのためには、傾斜地での打ち方をしっかりマスターしておく必要があります。傾斜は大きく分けて4パターンありますが、すべての傾斜に共通して言えるこ

フォローまで
右体重で
踏ん張る

POINT

フォローで 左足が浮いてもよい

体の動きを止めず、右体重のまましっかり体を回して打つ。フォローで左足が浮いて一歩下がるようになってもよい

とは、「傾斜に逆らわない」ということです。

傾斜なりに立って、傾斜なりの球を打つ。これができない急傾斜のライは、トラブルショットと考えて、平らなところに出すだけと割り切りましょう。

左足上がりの傾斜地では右足に多めに体重をかけて斜面なりに立ち、その右足の内側に軸を感じながらインサイドアウト軌道でスウィングします。弾道は傾斜なりのドローになるので、狙いは目標より右に設定しましょう。

決して大振りせず、左足上がりでロフトが増えるぶん、番手を上げてコンパクトに、バランスを崩さずに振るのがポイントです。

肩のラインを
傾斜と平行
にする感覚

POINT

右股関節で体重を受け止める

バックスウィングで体が右に流れないよう、右股関節に軸を意識しながら、体重をしっかりと受け止めることが大事。大振りは厳禁

4 左足下がり

軸の傾きをキープする 左股関節の上でスウィングする

左足下がりの傾斜は、ボールの手前側が高いためダフりやすく、またロフトも立って当たるため球が上がりにくいので、とても難しい状況です。だからこそ、必要以上に飛ばそうとか球を上げようとせず、無理のないス

胸が目標を向くまで回転する

POINT

斜面なりにフォローを出す

インパクトからフォローでは、ヘッドを左足方向にカット軌道で低く長く、斜面に沿うように出していくイメージで振り抜く

CHECK!

回転できないとスウェイしてダフる

体を回転できずに腰を横にスライドさせるようにスウィングすると軸をキープできずにダフってしまうので、恐れずに左に回転する

ウィングでミートを心掛けることが大事です。

斜面なりに立つため、左足に多めに体重をかけ、左肩が低くなるように構えます。そして、左股関節上に軸を感じながら、その軸が傾かないようにスウィングしましょう。とくにフォローでは、左足でしっかりと体重を受け止めつつ、体を回転させていくことが重要です。

カット軌道になるぶん、弾道は低いフェードをイメージしてください。

アドレス時の
軸の傾きを
キープする
左足体重の
コンパクトな
トップを作る

POINT

左足体重で斜面なりに立つ

左足体重で左股関節上に軸を感じながら斜面なりに構える。フェードが出やすいぶん、目標よりも少し左を向いて構える

つま先体重で構える
前傾を浅めにしてフラットに振る

つま先上がり、つま先下がりのライでは、ボールと体の距離感を適切にキープしてスウィングすることがコツです。スタンスの位置に対してボールの高さが変わるので、前傾姿勢で調節してくだ

ヨコ振りでクラブもヨコに収まる
×

さい。

つま先上がりの場合は、ボールの位置が高いぶんボールが体に近く、高くティアップした球を打つようにスウィング軌道はフラットになります。

まずはクラブを短く持って上体の前傾を浅めにしましょう。少しハンドアップにして、お尻を下げるような感じで構えるのがポイントです。

そこからヨコ振りのイメージでスウィングしますが、大振りせずに、ベタ足のまま振るくらいの感覚のほうが、軸が安定し、ナイスショットの確率が上がります。ドローが出やすいので、少し右を向くとよいでしょう。

前傾を保ち
フラットに
スウィング
大振りせず
ベタ足で
振る感覚

POINT

クラブを短く持ち ハンドアップに構える

ボールが体に近いぶん、クラブは必ず短く持つ。手元を少し体から離してハンドアップにし腕もクラブもヨコに振る感覚が大事

かかと体重で構える
前傾を深くしてアップライトに振る

つま先下がりのライでは、スウィングしたときに体が浮き上がらないようにします。そのためには、あまり前のめりにならないよう、かかと側に

クラブをアップライトに振り抜く
体の回転を止めずに回っていく

POINT

ひざを柔らかく使って体を回す

スウィング中、ひざの高さを変えず、かつしっかり体を回すには、足を突っ張らずひざを柔らかく使うことが重要

多めに体重をかけるのがポイントです。

　そして、肩から真下に垂らした腕を、タテに振るイメージでスウィングします。

　また、ひざの高さが変わってしまうと体が上下にブレて、ダフリやトップが出やすくなるので、ひざの高さは変えずに、バランスを崩さない範囲でコンパクトに、ベタ足のイメージでスウィングしましょう。

手を真上に上げるようにタテ振りする
ベタ足のイメージでスウィング

POINT

イスに腰掛けるようにアドレスする

少しだけかかと体重でひざを曲げすぎずに立ち、前傾を深くして構える。座面の高いイスに腰掛けるようなイメージ

体重のかけ方で打ち分ける
飛ばしたいときは右体重、曲げたくなければ均等

普段よりも飛ばしたいときは正確性を犠牲にして飛距離を、曲げたくないときには飛距離を犠牲にして正確性を高める方法があります。

右に残った
逆C型の
フィニッシュ

POINT

[飛ばしたい]

**大きく構えて
右軸のイメージで
アッパーに振る**

スタンスを広めにしてやや右体重でどっしり構える。右股関節上に少し右に傾いた軸をイメージし、インサイドアウト気味にアッパーに振る。曲がりを恐れず思い切って振り切る

振りすぎず
バランスを
崩さない

POINT

[曲げたくない]

**レベル軌道で
コンパクトに
スウィングする**

スタンスを狭めにし、ボール位置は少し中に寄せて構える。その場で回転するようなイメージで体重移動を抑えてスウィングする。ボールを横からレベルにとらえ、シャープに振り抜く

スタンスは
普段より
広めに
ボール
位置は
左寄り
しっかり
右に乗った
トップ
右軸で
アッパー気味
に振る
クラブを
インサイド
から入れる

スタンスを
狭めにして
構える
ボール位置は
普段より
少し右寄り
体重移動を
抑えて
上げる
レベルな
軌道で球を
とらえる

アドレスを調節する フォローは高い球、アゲンストは低い球

コースでは、風への対処も厄介な問題の一つです。あまり余計なことはせず、番手を変えて距離を調節するのが基本ですが、ある程度球の高さをコントロールする技術を

フォローは左肩を高く

POINT

ボールを左に置き逆Cフィニッシュ

ボール位置は左寄り。少し右肩を下げて目線を上げ、フェースも少し開く。そこからややアッパーに逆Cフィニッシュに振り抜こう

身につけておくといいでしょう。

ドライバーであれば、フォローのときは、高い球を打って風に乗せて飛ばします。ボールを左寄りにセットし、左肩を高くするようにして目線を上げて構え、ややアッパーに振り抜きます。

アゲンストでは、低い球を打って風の影響を最小限にしたいので、ボール位置を右寄りにし、目線を下げて構え、思い切って左に振り抜くのがポイントです。

アゲンストは目線を低く

POINT

ボールを右に置き左に振り抜く

ボール位置は右寄りにし、目線は下げるが左肩が下がらないように注意。インパクト後は一気に体が左を向くようにレベルに回転する

よいルーティンはリズムを生む
自分なりの「決まりごと」を作る

スクェアを意識しながらスタンス

一度クラブを上げてスクェアをチェック

コースで普段どおりの球を打つためには、プレー全体のリズムを「普段どおり」に保つことがとても大事です。

そのためには、ショットの前の「決まりごと」である自分なりのプレショットルーティンを決め、それを毎回きちんと行う習慣をつけてください。

いつも普段どおりの手順を守れれば、リズムもよくなるし、アドレスの形や向きなども狂いにくくなります。ぜひ、自分ならではのルーティンを作り、しっかりと体に染み込ませてください。

芹澤信雄のプレショットルーティン
ボール後方で弾道を想像して素振り
後方から目標を確認する

ヘッドを下ろしてアドレス完成
スウィング開始!

10 ［トラブル対応］球が曲がる

ゆるむ・合わせるが曲がる原因

ハザードを恐れず思い切って振り切る

思い切って振ることが最初の一歩！

実際にコースに出ると、練習場では出ないようなミスが出て球が曲がってしまう。これは、プロもアマチュアも同じです。

恐らく、心理的な要因が非常に大きく、コースには練習場にはないOBやハザードがあり、それらによってスムーズなスウィングが損なわれてしまうからでしょう。

しかし皮肉なもので、OBやハザードに入れたくないという気持ちが強いほど、腕が縮こまってインパクトを合わせたりスウィングをゆるめたりしやすく、より球が曲がりやすくなるのです。

曲がるから振れなくなる。振れなくなるとより曲がる。この悪循環から逃れるためには、ハザードを恐れずに思い切って振り切るしかありません。スウィングというのは、思い切って振り抜いたときのほうが軌道が安定し、曲がらないのです。

「それができれば苦労はない」と思うかもしれませんが、これは実際にやってみて「本当なんだ」と実感できる成功体験を積むほかありません。まずは、騙されたと思ってやってみてください。

CHECK!
「合わせる」「ゆるめる」が悪循環のはじまり

曲げたくないという気持ちから振り切ることを恐れると、スウィングがゆるむだけでなく、インパクトを合わせにいくスウィングになってしまう。フェースは返らず、ヘッドは走らないので、球が曲がる原因になる。

11 ［トラブル対応］不調

自分の調子に逆らわずに打つ
無理に真っすぐ打とうとしない

人間誰しも、好不調の波はあり、それはどんなトッププロでも避けられません。しかし、それをどう乗り越えるかが大切。自然や自分と向き合うゴルフというスポーツは、そういった悪いコンディションをどう克服するのかということも問われているのです。

では、調子が悪いときはどうすればいいか。そ

れは、無理にナイスショットをしようとせず、いまの自分の身の丈に合ったゴルフをすることが大事です。ベストスコアは出ないかもしれませんが、大叩きはせず、「そこそこ」にまとめる。この技術がある人が、「本当に上手いゴルファー」なのです。

　大事なのは、「その日の自分の傾向を見極める」こと。スライスしやすいのか、フックしやすいのか。不調なら不調なりに、その日の傾向は必ずあります。それを見極めて、逆らわずにプレーすること。スライスするなら少し左を向けばいいのであって、無理に真っすぐ狙う必要はないのです。

その日の傾向に逆らわない
FADE
DRAW

POINT

朝の練習でその日の調子をチェックする

ラウンド当日の調子や傾向を見極めるには朝の練習が重要。普段どおり振ってどんな球が出るか、どんなミスが出やすいかを見極めよう

12 ［トラブル対応］ハザード

逆球を出さない 決めた方向に曲げるように打つ

思い切って
フェースを
返していく
絶対に
フックさせる
スウィング
体は回さず
その場で
腕を振る

フェースを
返さずに
振り抜く
絶対に
スライスさせる
スウィング
右体重で
右軸のまま
回転する

ラウンドしていると、右はすべて浅いOB、またはその逆で、左は絶対ダメ、というようなホールがあります。

そんなときに役に立つのが、「絶対にスライスする球」と「絶対にフックする球」。これが打てるようになれば、本当に困ったときに片方サイドのOBや池を確実に避けることができます。

絶対フックさせるなら、体の回転を止めて思い切ってフェースを返す。絶対スライスさせるなら、極端なカット軌道でフェースを返さず打つ。この練習を普段からしておきましょう。

体を開かず
インサイド
から下ろす
左のカベで
腰の回転を
止める感覚

カット軌道で
上から
ぶつける
体を止めず
思い切って
回っていく

13 ［トラブル対応］疲労

スタンスは狭くトップはコンパクトに

無理をしないスウィングに切り替える

ラウンド中に、突然ミスが増えるとか、飛ばなくなるといったことはありませんか。とくに上がり3ホールでそういうミスが増えるという人は、恐らく疲れによるものです。疲労がたまり、体が動かなくなって、スウィングが乱れてしまうのです。

こういう場合は、疲れと上手く付き合うことが

ボールに少し近く構える
ひざを少し深めに曲げる

大切です。無理をせず、疲れに「逆らわない」こと。午後になって疲れが出てきたと思ったら、午前中の飛距離を求めず、トップをコンパクトにして、疲れたなりのスウィングをしましょう。スタンスはやや狭くすると体が回りやすくなります。

トップは
少し
コンパクト
スタンスは
やや狭く
する
PEARLYGATES
×

Column 3

引っかけは出世の妨げ

練習場では上手くできるのに、コースでできない。

これは、プロ、アマ問わずすべてのゴルファーの悩みです。だからこそ、「実戦に強いスウィング」を身につけることが非常に重要です。

チームセリザワでは、それを「フェードボール」という方法論で考え、後輩たちにも「引っかけは出世の妨げ」だと話し、フェードボールの習得をすすめてきました。

そのいちばんの理由は、フェード系ならミスしても右手前方向になり、グリーンを手前から攻めるというセオリーから考えてもリカバリーが容易だからです。また、スピンが多めで硬いグリーンでも球を止めやすい。ラインを出すショットとの相性もいいというメリットもあります。

一方、ドロー系のボールは、ミスして引っかけると飛びすぎる恐れがある。スコアメークにおいて、狙った距離をオーバーするというのは、フェアウェイを突き抜けてしまったり、グリーンをオーバーして難しいゾーンに行きやすいため、絶対的なタブーなのです。

このようなことから、「稼ぐにはフェード系」と言っていますが、これはあくまでプロの場合。アマチュアの方にとっては、ドローボールは飛距離が出やすいという魅力がありますし、一般営業のグリーンならフェードボールでなくても球は止められます。また、最近の長くてよくしなるシャフトのついたドライバーは、ドローボールが打ちやすいため、必ずしもフェード系にこだわる必要はありません。

大切なのは、自分の持ち球はどちらなのか、その弾道をしっかりとイメージしてプレーすることです。「いつも同じ方向に曲がるスウィング」こそが、スコアメークのために不可欠であり、実戦に強いスウィングだということを肝に銘じてください。

SERIZAWA METHOD

第4章

『レベルスウィング』マスタードリル

『レベルスウィング』を効率よく
マスターするために、
アカデミーで取り入れている
さまざまなドリルを紹介します。
みなさんもぜひ行ってみてください。

[ドリル解説] チームセリザワ ゴルフアカデミー　ヘッドプロ 高田順史

ビュンビュン素振り

腕の振り方を覚える

フィニッシュと
トップが対称の
ポジション
軸がブレ
ないように
その場で振る

軸を意識しながら振るのがポイント

トップで
腕が地面と
平行になる
かかとを地面に
つけたまま
ベタ足で振る

左右対称に連続素振りをする

下半身を動かさずに、腕が地面と平行になるトップとフィニッシュで、左右対称に素早く連続で素振りをする。セリザワメソッドの基本中の基本のドリル。腕の正しい振り方や、手首の使い方が身につく。

ステップ打ち

フットワークの基本を身につける

ボールに対して
踏み込んで
スウィングする
バランスよく
片足で
静止する

POINT

軸と重心を傾けずに振る

軸が傾いたり腰が流れて重心がスライドすると、スウェイして上手くステップできないので、バランスが重要

右→左とステップして球を打つ

トップで右足1本、フィニッシュで左足1本で立てるような下半身の動きが理想。腕は力まず、あくまで下半身に振られる感覚で、軸を保ちスウィングできるようにする。

『レベルスウィング』マスタードリル 3

4球連続打ち

「歩くリズム」で打つ感覚を養う

歩くように前進しながら打っていく
リズムよく連続で打っていく

POINT

左足を前に踏み込んで打つ

ステップ打ちと同様に、右→左と足踏みしながら、左足を前に踏み込んで前進しながら打っていく

並べたボールを連続して打つ

1列に並べたボールを手前から連続で打っていく。ボール位置に対して踏み込みながら、1球ずつ歩くように打つことで、下半身主導のスウィングが身につき、リズムもよくなる。

左足1本立ち打ち

あおり打ちを防ぐ

POINT

体重移動せず腕を振って打つ

右足には体重をかけず左足1本で立って、真上から加重する感覚で、ビュンビュン素振りの要領で打つ
腕主体で
その場で
スウィング
右足は
1歩引いて
つま先立ち

右足はつま先立ちのままで打つ

あおり打ちを防ぎ、レベルスウィングを身につけるには、右足を1歩引いて左足1本で立って打つ練習が効果的。自然と軸が安定し体が左右に傾くのを防ぎ、ボールをクリーンにとらえられる。

『レベルスウィング』マスタードリル 5

頭押さえ打ち

上体の突っ込みを防ぐ

POINT

体重移動せず腕を振って打つ

インパクトまで頭を残して、ビハインド・ザ・ボールで球をとらえながら回転していく動きを体感できる

頭を押さえてもらいながら打つ

頭の左側にシャフトなどの長い棒を添えてもらい、それに頭が当たらないように打つことで、ダウンスウィングでの上体の突っ込みを防ぐことができる（インパクト後はシャフトをはずす）。

3番ウッドティアップ打ち

レベルブローのインパクトを身につける

POINT

腰を水平に回すことに集中する

手先で軌道を作ろうとせず、腰を水平に回転させることを意識し、レベルブローを作る

軸を意識して丁寧にスウィング
することを心掛けよう

ボールを真横からとらえる

レベルブローを身につけるのに最適なのが、高くティアップした球を３番ウッドで打つドリル。コンパクトに振ってライナーを打つのがポイント。軌道が傾くとテンプラやトップが出る。

片手打ち

左右の手の役割をしっかり把握する

左わきは
しっかり
締める
左手
×

POINT

フォローでは左ひじをたたむ

インパクト後も左わきの締まりを維持し、フォローでひじをたたみながら前腕をローテーションさせる

わきを締めたまま体の回転で打つ

左手1本で打つときは、テークバックからフォローまで、ずっと左わきを締めたままスウィングする。体の回転に前腕のローテーションを同調させてボールをとらえることが大切。

右手
右手首の
角度を
キープ

右ひじと右手首の角度を保って打つ

右手1本で打つときは、インパクトまで右ひじと右手首の角度を保って、体の回転でボールをとらえることが重要。フォローでは右肩をしっかりと目標方向へ押し込んでいく。

POINT

体を左右に揺さぶらない

体を左右に揺さぶったり、手先で打とうとせず、腕と体を同調させ、軸を保って体の回転で打つ

チューブ振り

シャフトのしなりを体感してスウィングする

POINT

インパクトでは逆にしなる

インパクトでもヘッドが先行している「逆しなり」になるようにしっかり振る

『トルネードスティック』で素振り

先端が重く、軟らかくしなる練習器具『トルネードスティック』を使って素振りをすると、シャフトのしなりを簡単に体感できる。ビュンビュン素振りの要領で、左右対称に振る。

『レベルスウィング』マスタードリル 9

短いクラブ打ち

両腕の「三角形」を保ち スウィングする

POINT

片手打ちで効果アップ

片手で打つと、より効果的。腕とクラブの同調を意識しながら打とう

両腕と肩の三角形を意識する

高くティアップしたボールを短いクラブで打つ

高くティアップできる器具『Aコーン』を併用し、短いクラブで球を打つ。両腕の三角形を崩さず、体の回転でスウィングする感覚を身につける。

ラケット打ち

フェース面の向きを意識してスウィングする

強打せず
面に当てる
感覚を養う

POINT

「面」をしっかり目標に向ける

振り抜くことよりもインパクトで面を作ることを意識し、腕とフェース面の関係を体で覚える

テニスラケットで片手打ちする

フェース面の大きいテニスラケットを使って球を打つと、フェースの向きをより意識できる。ボールを投げてもらい、腰から腰くらいの振り幅で打つ。最初は両手で、慣れたら片手で打つ。

『レベルスウィング』マスタードリル 11

『コアスイング』素振り

体幹を鍛え 軸を安定させる

お腹の力で
抵抗を
受け止める

抵抗を感じながら素振りをする

チームセリザワの藤田寛之プロ考案の練習器具『コアスイング』は、軸の安定とパワーアップに効果的。素振りをするだけで、風の抵抗を強く感じるので、体幹で押していく感覚が身につく。

7番アイアンハーフショット

スウィング作りの基本に立ち返る

振り幅は
肩から肩の
左右対称
スタンス幅の
なかで
フットワーク
しっかり
体を回した
トップ

「肩から肩」でスウィングする

不調時やスウィングに迷ったときは、7番アイアンで肩から肩くらいの振り幅でスウィングを確認。小さな動きのなかに、腕、体、フットワークなどすべての基本が詰まっているスウィングの原点。

フィニッシュで
シャフトが
立って止まる

腰と胸が
目標を
向くまで回転

POINT

**打ち込みすぎず
レベルブロー**

ボールをクリーンにとらえようと打ち込みすぎないように注意。あくまで腰の回転でレベルブローでとらえる

「ねじれ」のない素直な球を打つ

ボールをクリーンにとらえることを重視し、飛ばそうとせずにリズム重視でスウィングする。少し低めの弾道で真っすぐか、持ち球なりにわずかに曲がる程度の「ねじれ」のない球を打とう。

メソッドを
う!

LPGAツアー開催コース「大箱根カントリークラブ」内にある
チームセリザワ ゴルフアカデミーは、コース隣接という好立地を生かし、
スウィング作りからラウンド技術まで、効率よく上達することができます。
また、箱根の雄大な景色を見ながらのレッスンは、
セリザワメソッドのすべてが習得できるのはもちろん、心のリフレッシュに。
初心者から上級者まで、楽しみながらゴルフが上手くなる最高の空間です。

弾道解析『フライトスコープ』やスウィング解析『MVP2000』など、最新の機材を使用して理論的なスウィング解析ができる

「チームセリザワ ゴルフアカデミー」で
ゴルフもライフスタイルも
もっと豊かに

私たちと一緒に
ゴルフを楽しみましょう!

TEAM SERIZAWA GOLF ACADEMY

チームセリザワ ゴルフアカデミー
http://academy.teamserizawa.com/
TEL:0460-83-8138 (9:00-18:00)

藤田寛之プロ、宮本勝昌プロ、西山ゆかりプロを育てた

セリザワ
体感しよ

年に数回会員向けのイベントを開催するほか、国内他コース、冬季は海外での合宿を実施

セリザワメソッドを習得したプロたちが、一人ひとり、個人のペースに合わせて丁寧にレッスンを行う

おわりに

ゴルフは、止まっているボールを打つだけのスポーツです。ボールが動いているわけでも、相手がいるわけでもないのに、たったそれだけのことが上手くいきません。

だからこそ、ゴルファーはあれこれ試行錯誤し、スウィングについて考え、技術を磨くべく練習をするわけですが、みなさんに強くお伝えしたいのは、一瞬で平均スコアが何打も縮むほど上達したり、何十ヤードも飛距離が伸びたりするような「魔法のレッスン」は存在しないということです。

雑誌などで紹介されるプロのワンポイントアドバイスや、先輩から教わったちょっとしたコツで、急にスライスが直ったり、飛距離が伸びたという経験はあるかもしれません。しかしそれは、いままで悪かった部分を対処療法で修正する、いわば傷口に絆創膏を貼るようなもの。本当の上達のためには、正しい動きを地道な練習でしっかりと身につけることが不可欠なのです。「コツ」は、上達のきっかけにはなっても、それだけでゴルフのスウィング自体が劇的によくなることはほとんどありません。実際、私がプロたちを指導する際も、伝える言葉はほんの一言二言。彼らはその気づきをもとに、何百球、何千球と練習し、血肉にしているのです。

ですから、みなさんもこの本を読んだだけで上手くなれる、とは思わないでください。本書は、私がもっとも伝えたいスウィングの基本をまとめたものですが、本書に書いてあることが「わかる」ことと、「できるようになる」ことには、大きな隔たりがあるからです。

何度も言いますが、大事なのは練習です。

本書は、その練習が間違った方向に向かわないための地図だと考えてください。そして、「チームセリザワ ゴルフアカデミー」のスタッフたちは、みなさんを目的地に導く優秀なナビゲーターです。彼らは、あなたにはいま何が必要でどういう練習をすべきかを見抜く力がありますし、適格で丁寧な指導ができます。ぜひ一度、アカデミーに足をお運びいただき、その一端に触れてほしいと思っています。

ゴルフは楽しく真剣に。

これは、チームセリザワのモットーです。ゴルフは楽しいものですが、上達すればするほど、より深い面白さに触れることができます。ゴルフに真剣に向き合い、本気で取り組むことこそが、新たな楽しさを発見する第一歩になるのです。ぜひ私たちと一緒に、すばらしいゴルフの世界を探検しましょう！

２０１７年10月吉日

プロゴルファー　芹澤信雄

著者

芹澤 信雄（せりざわ・のぶお）

1959年、静岡県出身。（株）TSIグルーヴアンドスポーツ所属。高校時代にスキーのアルペン競技で国体に出場し、卒業後18歳でゴルフを始める。22歳にプロ入りし、5年後の1987年「日経カップ」でツアー初優勝を飾る。以降「日本プロゴルフマッチプレー選手権」を制するなどレギュラーツアーで活躍。通算5勝。シニア入りした2010年には「富士フイルムシニア選手権」で優勝した。芹澤を師と仰ぐ藤田寛之、宮本勝昌らで「チームセリザワ」を結成。ゴルフ界のエンターテイナー集団を目指すとともに、長年の夢であった「チームセリザワ ゴルフアカデミー」を2015年に開校させ、「ゴルフは楽しく真剣に」をモットーにゴルフの普及にも積極的に取り組んでいる。

セリザワメソッド

芹澤流ならスウィングが変わる

2017年10月17日　初版発行

著者　芹澤信雄
発行者　木村玄一
発行所　ゴルフダイジェスト社
〒105-8670　東京都港区新橋6-18-5
☎03-3432-4411（代表）
☎03-3431-3060（販売部）
e-mail gbook@golf-digest.co.jp
URL www.golfdigest.co.jp/digest
書籍販売サイト「ゴルフポケット」で検索

印刷・製本　大日本印刷株式会社

ISBN 978-4-7728-4175-7　C2075